LA

RÉPUBLIQUE

ET LES

RÉPUBLICAINS

Toujours tout droit.
GALLUS.

NANCY

TYPOGRAPHIE G. CRÉPIN-LEBLOND

PASSAGE DU CASINO

—

1891

LA RÉPUBLIQUE

ET

LES RÉPUBLICAINS

LA

RÉPUBLIQUE

ET LES

RÉPUBLICAINS

Toujours tout droit.

GALLUS.

NANCY

TYPOGRAPHIE G. CRÉPIN-LEBLOND

PASSAGE DU CASINO

—

1891

LA RÉPUBLIQUE

ET

LES RÉPUBLICAINS

Quid verum atque decens curo et rogo, et omnis in hoc sum.
HORACE.

Ce n'est pas sans intention que je publie cette brochure en pleine débâcle conservatrice, le *prestige* de la République ne m'éblouit pas et m'attire encore moins. Je dis ce qui est. La vérité est grande et elle triomphera.

Il me plairait d'être républicain si la République était un bon gouvernement ou meilleur que les autres, comme le prétendent ses partisans qui sont démentis par les faits.

Déjà par nos traditions, nos mœurs et nos habitudes et par la position que la France occupe en Europe, la République ne convient nullement à notre nation qui est de tempérament, d'institutions et de génie monarchique. Or, lorsque les vieilles sociétés se transforment, que, de monarchiques qu'elles étaient, par exemple, elles deviennent démocratiques, elles changent de peau, mais non de chair et de substance, et la destruction des formes n'entraîne pas la destruction des réalités qu'elles enveloppaient. Mais ce sont surtout les républicains qui rendent la République désastreuse, car tout dans ce régime n'est que mensonge et hypocrisie, il ne comporte ni contrôle ni politique impartiale. Un *parti* arrive aux affaires et concentre tous ses efforts pour défendre les intérêts des membres de ce parti et de la clientèle qui s'y rattache, il ne se préoccupe guère de ce qu'y gagne ou de ce qu'y perd la France ! « Les intérêts de la République sont au-dessus de tout. » Telle est la formule. Or, la République appartient *naturellement* aux républicains. « La majorité seule a des droits » avait l'audace de dire Gambetta. Et en République cela est rigoureusement vrai. C'est le *parti* qui a escaladé le pouvoir à l'aide d'une majorité légale, par conséquent relative, qui a tous les droits et toutes les immunités.

La République est le gouvernement d'un parti : voilà son vice d'origine, son vice rédhibitoire.

Et voilà pourquoi je suis réactionnaire : je le suis contre les bandes de faméliques, de pseudo-républicains, contre leurs jongleries, leur faux libéralisme, leur suffisance et leur insuffisance, leur orgueil et leur envie, leur âpreté et leur grossièreté, leur despotisme et leur hypocrisie.

Je suis réactionnaire contre ce qu'ils ont fait, contre leur arbitraire, leurs dilapidations, leur népotisme et leur favoritisme, contre leurs aventures à l'extérieur et leur corruption à l'intérieur ; contre leurs atteintes aux institutions judiciaires, religieuses et morales ; en un mot je suis réactionnaire, contre leurs infamies dont l'énumération serait beaucoup trop longue.

Oui, voilà pourquoi je suis réactionnaire, et je revendique hautement ce mot, injuste et bête, dans l'application courante que lui donnent les démocrates pour calomnier quiconque croit nécessaires les principes d'ordre, de religion, de propriété, de famille et d'autorité, et je n'accepte pas ce que les prétendus réformateurs modernes nous ont donné comme la suprême expression du progrès ; je fais un choix et je m'efforcerai toujours de contribuer à démolir toutes les billevesées d'égalité basse et de révolte stérile nées de nos troubles révolutionnaires.

Notre République est malpropre et malfaisante, grotesque et ridicule. Montesquieu a dit que : « la base du gouvernement républicain doit être la vertu politique et que cette vertu est un renoncement à soi-même, qui est toujours une chose très pénible ; » si pénible, en effet, que l'on peut dire des républicains actuels ce que Charlotte Corday a dit des Français de son temps : « Presque tout est égoïsme, quel triste peuple pour faire une République. » Egoïstes et rapaces, prodigues du bien public et ménagers du leur ; ce ne sont pas des républicains, ce sont des publicains.

GALLUS.

Les républicains et leurs contradictions.

Il y a un fait qui s'est toujours produit lorsque les républicains ont gouverné la France, c'est l'opposition entre leurs théories et leurs pratiques, entre leur langage et la réalité ; je vais le démontrer par une simple analyse et sans aucune passion ; voyons ce que les républicains ont toujours fait et signalons leurs contradictions.

Les républicains français proclament la souveraineté du peuple comme la base fondamentale de toute démocratie, et à la première révolution, ils recourent au triumvirat, à la dictature, en opprimant les assemblées, expression de la souveraineté, comme firent les montagnards et les jacobins pendant le cours de la convention.

Ils reconnaissent que le suffrage universel est le verdict absolu du peuple, juge infaillible de ce qui lui convient, et lorsqu'il s'agit de savoir si le suffrage universel a le droit d'opter entre la République et la Monarchie, ils déclarent que la République étant un principe antérieur et supérieur au suffrage universel lui-même, ce suffrage n'a pas le droit de choisir d'autre forme de gouvernement que la République.

Ils sont partisans du droit individuel de l'homme, ils légitiment ses tendances naturelles à se satisfaire par le libre jeu de ses forces et de ses facultés et ils incarnent leur idéal politique dans une conception de l'Etat qui absorbe, qui engloutit tous les individus dans une unité brutale et despotique, opérant à la façon de ces immenses mécanismes industriels que nous voyons fonctionner sous nos yeux.

Ils élèvent des autels à la liberté politique, et dès qu'ils sont au pouvoir, ils les brisent comme le premier obstacle qui s'oppose à l'exercice de leurs volontés et à la réalisation de leurs rêves.

Ils font brûler la myrrhe et l'encens aux pieds de la liberté de conscience et ils interdisent la liberté de croire au nom de la raison, comme les fanatiques imposaient la croyance au nom de l'inquisition. Au besoin ils commanderaient l'incrédulité par la force, comme Louis XIV commandait la croyance par les dragonnades. En sorte que l'athéisme devient un article de foi au même titre que les commandements de l'Eglise.

Le schisme des idées religieuses et des doctrines philosophiques et morales ne leur déplaît point et ils imposent à ceux qu'ils dirigent ou qu'ils commandent une discipline de fer, une consigne d'esclave.

Ils se moquent des pompes extérieures, des formules, des rites, de toutes les pratiques conventionnelles, de tout ce qui ressemble à l'étiquette, au cérémonial, aux formes extérieures de la puissance intellectuelle ou morale et ils organisent de petites églises fermées à triples cadenas, dans lesquelles on célèbre des mystères, où l'on porte des chapeaux d'une certaine forme, des chemises d'une certaine couleur, où l'on prononce des paroles sacramentelles et cabalistiques. Ils rient des solennités et des fêtes de l'ancien régime et ils créent d'autres fêtes, d'autres anniversaires, d'autres cérémonies, d'autres cultes. Aux panathénées royales, portant sur leurs étendards des fleurs de lis ou des abeilles, ils substituent des panathénées démocratiques qui portent le triangle égalitaire.

Ils répudient les dynasties monarchiques et ils créent des dynasties républicaines qui durent des demi-siécles en perpétuant les mêmes noms Ils se moquent des vieilles idées, des vieux hommes, des vieilles doctrines et ils reprennent sans cesse le fonds de magasin de toutes les révolutions, et ils rééliront sans cesse le même personnel. Ils prétendent honorer la capacité, le talent, le mérite, les efforts persévérants du travail et avec une fureur haineuse et concentrée, ils éloignent systématiquement les capacités vraies pour glorifier les médiocrités les plus complètes et les personnalités les plus banales.

Ils font profession de haïr le jésuitisme et le charlatanisme et ils agissent tout aussi artificieusement, à l'occasion, que les moines italiens et d'une façon aussi charlatanesque que les entrepreneurs d'exhibitions foraines.

Ils ne peuvent supporter la règle, la loi écrite, les formalités, les chartes, les constitutions et, dès qu'ils sont au pouvoir, ils demandent, à cor et à cris, qu'on fasse des constitutions dans les vingt-quatre heures, qu'on écrive, sur le marbre et sur le bronze, les droits du peuple ; ils multiplient les règlements, les formalités ; ils entassent des lois et refont des codes à la place de ceux qu'ils voulaient brûler.

Que conclure de ce coup d'œil jeté sur les vastes aspects de la question ? D'abord ceci, c'est que dans nos idées françaises, le mot révolution n'implique pas, comme on le croit, un ensemble d'idées arrêtées, un corps de doctrines positives ; qu'en tout cas les révolutionnaires, reprennent immédiatement et fatalement les traditions monarchiques dès qu'ils sont au pouvoir ou dès qu'il s'agit de passer de la théorie à la pratique.

Il n'est donné à aucun parti politique d'être toujours conséquent avec lui-même, cela est vrai, mais il ne serait que sage, de la part des révolutionnaires, de ne pas affecter des formes aussi farouches et de ne pas professer des théories aussi inébranlables quand ils les abandonnent aussi aisément en fait. Mais il serait naïf de leur demander d'être sages et logiques ; arrivés à leurs fins, ils traitent la France comme une dépouille, ce qui est conforme à leur nature et à leurs traditions. Tous, radicaux et opportunistes, vont à l'encontre de cette fameuse duvise qui est inscrite sur nos monuments publics et si tristement commentée par nos révolutions.

———

Les républicains et leurs théories jugés par eux-mêmes.

Les républicains ont inventé le dogme de la souveraineté du peuple qu'ils ont mis à la place du droit national et dont l'empire s'est si *admirablement* servi contre eux ; il y a une autre souveraineté, certaine et invariable autant que celle de la multitude est capricieuse et folle, c'est la souveraineté du *fait* qui s'impose à tous avec une force contre laquelle s'épuisent tous les mensonges et tous les sophismes et qui rend vaines toutes les déclamations.

Je viens de rappeler à grands traits les contradictions des républicains, je vais faire voir comment ils se jugent entre eux et en quelle estime ce parti est tenu par ceux qui en ont été ou en sont encore d'importantes personnalités.

Opinion de Béranger sur la République, rapportée par M. Louis Blanc :

« Béranger était républicain à coup sûr, mais il n'apercevait la République que *loin, bien loin encore dans l'avenir*, parce que la génération contemporaine ne lui paraissait pas propre à fournir des républicains, parce que, dans la plupart de ceux qui se proclamaient tels, et qu'il jugeait sincères, il ne découvrait qu'aspirations généreuses, où il cherchait des convictions réfléchies ; parce qu'enfin beaucoup d'entre eux prenaient follement pour de la dignité personnelle, *le mépris de toute discipline et l'envie pour l'égalité*. Je me souviens qu'un jour il me dit avec un sourire doucement moqueur : « Vous êtes trop pressé, mon enfant ; vous parlez de République ! Mais dans une République il faut un vice-président, attendu que le président peut tomber malade ; or, trouver aujourd'hui quelqu'un qui se contente d'être vice-président, voilà le difficile ! »

Il y a longtemps que Béranger a dit cela, aujourd'hui ne le dirait-il plus ? Je crois tout le contraire : avec quel écœurement il verrait tous les abus, toutes les crasses de notre République ! En 1849 il visitait Chàteaubriant qui touchait à sa fin et qui lui dit : « Eh bien ! vous l'avez votre République ! » « Oui je l'ai, répondit Béranger, avec tristesse, mais j'aimerais mieux ne pas l'avoir ! »

« La plupart des républicains rappellent par leur hauteur et leur mollesse la comédie de Crispin rival de son maître. »

« La domination de la multitude a quelque chose de tumultueux, de sauvage et presque toujours de sanglant, c'est de la barbarie. »

Louis BLANC (Histoire de dix ans).

« Les républicains sont des requins et des voleurs. »

Victor CONSIDÉRANT.

« Tout ce que la masse payante et sensée de la nation gagne à ces belles et grandes réédifications sociales sur de larges bases — comme ils disent sans rire — c'est de penser avec effroi que chacun à son tour à le droit de vouloir jouer à l'architecte ; c'est de payer la main-d'œuvre ; c'est de redorer chaque couronne, d'habiller à neuf quelques gredins en guenilles et de soûler la canaille. »

Eugène SUE.

« Ils veulent que le gouvernement, pourvu qu'il soit démocratique, fasse tout, ose tout, tienne tout. La tyrannie, qui leur paraît exécrable en haut, leur paraît excellente en bas. Ils oublient que l'arbitraire ne change pas de nature en se déplaçant, et que, si l'arbitraire des rois et des aristocrates est insolent, l'arbitraire du peuple est odieux. »

LAMARTINE.

Proudhon a toujours poursuivi les politiciens démocrates de ses sarcasmes les plus amers, il n'a pas cessé de les dénoncer aux masses comme des intrigants, des jouisseurs ne cherchant dans les prétendues revendications dont ils tenaient à être les organes, que le moyen d'arriver à s'assurer les honneurs et les bénéfices du pouvoir. Voici ce qu'il écrivait en 1839 :

« On s'est remis à chanter la *Marseillaise*, la population est en défiance, la Chambre sans vigueur, les partis plus aveuglés et plus égoïstes que jamais : les journaux ne discutent pas, ils s'injurient. La conduite du parti républicain a été, comme toujours, stupide ; et, si une réaction formidable ne vient pas à bout de l'écraser, le salut de la France et la liberté me semblent compromis. Les démocrates n'ont pour eux que leurs frénésies démagogiques et leurs grands mots, le tout accompagné de la soif du pouvoir, de l'or et des jouissances. » Même jugement d'Armand Carrel exprimé au comte d'Alton-Shée, pair de France radical : « Les républicains ? des fous, des brouillons, des envieux, des impuissants ! »

Proudhon a dit aussi : « Despote pour despote, en mon àme et conscience, j'aimerais mieux encore ces bons vieux rois, qui représentaient aux gens du pays des siècles d'honneur, de grandeur et de patriotisme, que ces farceurs qui se moquent autant du peuple que du pays et flattent l'un pour accaparer l'autre. »

Il se rencontrait avec Voltaire, lequel avait dit : « Servir pour servir, j'aime encore mieux servir un lion qui, après tout, est de bonne maison, que trois cents rats de mon espèce, et qui ne valent pas mieux que moi. »

Est-ce que Voltaire n'est pas réclamé par les républicains comme un apôtre de la démocratie ?

« Avec vos grands mots de guerre aux rois et de fraternité des peuples, avec vos paroles révolutionnaires et tout ce tintamarre de démagogues, vous n'êtes que des *blagueurs*. »

PROUDHON.

« Pour les républicains français, la République n'a jamais été un but, mais une échelle, — non pour détruire les abus, mais pour s'en emparer !

« Dans le parti soi-disant républicain, il n'y a pas de républicains, ceux qui s'affublent de ce titre sont des ambitieux hypocrites qui ont peur de se voir démasqués, ils sont simplement des pontes qui jouent sur la rouge et qui biseautent les cartes. La République ce serait « le gouvernement des meilleurs choisis par tous ; » leur République à eux, c'est le despotisme des pires et des incapables, choisis par les dupes, les imbéciles et les complices — avec l'aide des coquins et des scélérats. »

Alphonse KARR.

M. Thiers, dans un mot souvent cité, que l'histoire et la politique de notre temps, ont recueilli toutes deux, n'a fait qu'accentuer cette autre parole de Tite-Live : « Rien n'est plus misérable que les jugements de la multitude. »

Gavarni aimait à répéter le mot de Topfer sur les doctrinaires de 1848 : « L'homme moins l'être moral » et il avait résumé dans une légende de la série *Histoire de politiquer*, sa pensée sur la puissance de l'opinion : « Ce qu'on appelle esprit public est la bêtise de chacun multipliée par celle de tout le monde. »

Et pour dernière citation sur les républicains de 1848, voici quelques lignes de Madame de Girardin, qui n'était pas républicaine, — loin de là — mais elles sont si vraies et si jolies !

« Les républicains d'aujourd'hui ne ressemblent en rien aux fiers Brutus d'autrefois ; ils ne se piquent nullement de sévérité ni d'abnégation ; ils veulent tout tuer, mais c'est pour bien vivre ; ils aiment le sang, mais ils aiment aussi la crème ; ils sont grossiers dans leurs manières, mais ils sont raffinés dans leurs goûts ; ils sont farouches, mais ils ne sont pas austères ; et s'ils veulent renverser Tarquin, ce n'est pas pour venger Lucrèce, c'est pour la lui souffler. Ces gens-là réunissent les défauts de toutes les classes sans leurs qualités ; ils ont la brutalité des unes, la puérilité des autres ; ils sont violents sans être ardents, rudes sans être aguerris, *mignons* sans être délicats. Ce sont des butors douillets : c'est la pire espèce de toutes.

« Vicomte de LAUNAY. »

(Lettres parisiennes.)

Passons à la période actuelle : ce sont des journaux qui traitent les républicains opportunistes avec le dernier mépris :

« Beaucoup de députés ne vivent ni de leur indemnité parlementaire, ni de leurs rentes, ni du produit d'aucune profession classée, mais *ils exploitent leur influence comme on exploite un fonds de commerce.* »

(Débats.)

« Ces hommes ont le malheur d'avoir été *mêlés à un tas d'affaires véreuses*, dans lesquelles ont été touchées *d'énormes commissions.* Ces ministres ont certainement des qualités, ce sont de bons garçons qui, au fond, ont été probablement plus besogneux que malhonnêtes. En tous cas, *du jour où ils ont été au pouvoir, toute la bohême financière n'a pu contenir sa joie.* « Enfin s'est-elle écriée, nous allons donc faire des affaires ! »

(XIXe Siècle.)

Wilson a tellement SALI DE CONSCIENCES tout autour de lui, que les fautes d'un homme paraissent être CELLES D'UN RÉGIME. Ce n'est pas un corrompu, C'EST LA CORRUPTION, ce n'est pas Wilson, C'EST LE WILSONISME.

(Paris.)

Ni hommes, ni femmes, TOUS CRAPULES... Plus on nettoie, moins c'est propre. On essaye de nettoyer le linge et l'on s'aperçoit qu'il faut aussi nettoyer le savon.

(Radical.)

« TOUT TOMBE A LA VOIRIE, CAR LA CHAMBRE C'EST WILSON. »

(Cri du Peuple.)

« Les pouvoirs publics sont touchés l'un après l'autre par les ÉCLABOUSSURES DE TOUTES LES IMMONDICES ; c'est une sorte de farce sinistre que traversent pêle-mêle des RASTAQUOUÈRES et des hommes publics. »

(Justice.)

« C'est la boite aux ordures. »

(National.)

« La vase remonte à la surface dès qu'on agite cette EAU BOUEUSE. »

(Petit Parisien.)

« C'est une STATION DANS LA BOUE. Si les gendarmes faisaient une promenade dans les couloirs du Parlement, ILS SERAIENT TENTÉS D'ARRÊTER BIEN DES GENS qui pérorent *dans* les coins.»

(Parti National.)

« GARE A LA RÉVOLUTION DU MÉPRIS ! »

(XIXe Siècle.)

« En réalité, Wilson a simplement fait en grand CE QUE LA PLUPART DE SES COLLÈGUES ONT FAIT EN PETIT. »

(Siècle.)

« Des Wilson, IL Y EN A A REMUER A LA PELLE DANS LE MONDE DES POLITICIENS. »

(Revue économique.)

Comme tout cela est vrai et qu'il faut être aveugle pour ne pas le voir ! Ainsi, voilà comment des républicains authentiques ont jugé les républicains ! Mais si leurs paroles sont écrasantes pour les tartufes de la démocratie, elles n'étaient nullement nécessaires, car, sauf de bien rares exceptions, ils ont tous le même but et la même ambition : *parvenir en faisant croire au peuple qu'ils se dévouent à lui !* Et ce peuple stupide qui voit toujours jouer la même comédie se laisse duper par les mêmes acteurs auxquels il sert de tréteau et qui se moquent de sa crédulité ! Eternelle constance de la bêtise humaine ! Peuple souverain et si bien fait pour l'être ! — tour à tour, esclave ou tyran, ennemi de toi-même et incapable de garder un bon gouvernement, pousse tes flagorneurs où ils veulent arriver, méconnais tes amis, et crie : Vive Bobèche ! puisque c'est là ta gloire et ta tradition !

Ces vertueux démocrates, qui ont toutes les audaces, ne ré-
clament-ils pas pour eux, et pour eux seuls le patriotisme !
Certes, si ce sentiment éclatait surtout dans le bruit et la jac-
tance, ils seraient d'excellents patriotes ! Mais il me semble
que le patriotisme consiste uniquement à aimer son pays et à lui
sacrifier ses autres préférences ? Or, ce sont ces hommes qui
ont trahi au 4 septembre, ou qui se sont réjouis publiquement
de cette trahison après une défaite qui livrait la France à
l'ennemi, ce sont ces hommes qui prétendent au patriotisme !

Ceux qui établissent en face de l'ennemi leur exécrable gouvernement et déclarent ne pas le payer trop cher au prix de
deux provinces !

Ceux qui hurlaient partout la guerre et qui, pendant que les
autres se faisaient tuer, manifestaient, haranguaient, abat-
taient les statues et promenaient de ville en ville le drapeau
rouge de la lutte et de la révolte, forçant M. Gambetta à
s'appuyer sur ses adversaires contre ses amis !

Ce sont ces hommes qui se disent patriotes à l'exclusion
des autres partis qui ont fait leur devoir ! Ah ! qu'ils osent
tout dire et tout entreprendre, mais qu'ils ne parlent jamais
d'un sentiment qu'ils ont foulé aux pieds et qui fait partie de
l'honneur national ! Leur patriotisme n'est qu'une fiction, une
pure déclamation. Puisse enfin le vrai peuple comprendre où
le mènent ces jongleurs impudents qui n'ont d'autres visées
que leur intérêt, leur ambition et leur orgueil !

La République.

> La République a, de nos jours, cette force qu'elle promet tout ce que désirent les peuples, et cette faiblesse qu'elle ne saurait le donner. C'est le gouvernement des grandes espérances et des grands mécomptes.
>
> GUIZOT.

La République a fait ses preuves : c'est un gouvernement de vaniteux, d'oppresseurs, de fourbes et de gloutons ; voilà vingt ans que la France se prête au fameux « Essai loyal », à toutes les variétés comme à toutes les fantaisies de l'expérience. Nous avons essayé la République avec M. Thiers, avec M. Grévy ; — avec les conservateurs et les républicains, avec le centre droit et avec le centre gauche, avec les modérés et avec les avancés, avec M. Dufaure et M. Jules Simon, avec M. Léon Say et M. Jules Ferry, avec M. de Freycinet et M. Gambetta *lui-même* ; puis avec M. Tirard, M. Rouvier, M. Floquet et M. Carnot. Nous l'avons essayée sous toutes les formes et sous toutes les couleurs : conservatrice, aimable, athénienne, autoritaire, persécutrice, jacobine, communarde, toujours elle a donné les mêmes résultats, comme ces arbres vénéneux sur lesquels on a beau greffer les meilleures espéces et dont les fruits demeurent constamment empoisonnés.

Pourquoi donc le peuple français persiste-t-il à conserver un tel gouvernement si inférieur à la Monarchie et même à l'Empire ? C'est que ce peuple est tombé bien bas, c'est qu'il a été profondément vicié par ceux qui prétendaient le relever et qui n'ont eu d'autre vue que l'argent et les honneurs.

Nous sommes en décadence : les uns sont mauvais, livrés à leurs passions, les autres amollis et c'est bien le cas de citer ici cette pensée absolument juste : « Ce qui cause plus que tout l'assoupissement dans un Etat, c'est la durée du mal (1). »

Oui, l'un des plus frappants symptômes de notre décadence consiste dans cette apathie presque générale, dans cet affaissement des consciences et des caractères, dans cet *avachissement,* qui fait que la France supporte, presque sans murmurer, les outrages les plus sanglants à sa foi, à ses libertés et à son antique renom, insouciante d'un régime qui la conduit à sa ruine et à la honte, comme des dangers qui la menacent au dehors. Il est incontestable que le peuple français se désintéresse des affaires publiques comme il ne l'a jamais fait dans aucun temps. Il n'y a plus de convictions ardentes, d'enthousiasme pour les belles actions, plus de réprobation pour les vilenies, plus de respect, plus rien ; c'est la torpeur, l'anéantissement, l'oubli, la crainte d'une préoccupation quelconque, d'un effort nécessaire. Et cet affaissement moral et politique s'attache à tous les partis, même à ceux réputés bruyants ou dangereux, c'est pourquoi les opportunistes gouvernent facilement, sans autorité réelle, il est vrai, mais par l'unique raison qu'ils détiennent le pouvoir, peut-être aussi parce que les oppositions ne savent pas ce qu'elles veulent ou le veulent mal (2).

Je crois qu'on ne peut nier l'exactitude de cet état moral, et pourtant aux élections il se fait un réveil, et malgré la pression et la corruption du gouvernement, une formidable

------

(1) La Rochefoucault-Doudcauville.

(2) On se range sous l'étendard de la force pour être protégé par elle au lieu d'être exposé à ses coups. On s'approche d'elle comme du moyen le plus simple et le plus direct d'obtenir sans industrie, comme sans mérite, l'accomplissement de ses vœux. L'injustice victorieuse ne manque jamais de lâches qui la servent, de courtisans qui la flattent, de vils sophistes qui la justifient ; l'intérêt les lui donne, ou plutôt les lui vend.

De Gérando.

opposition se dresse devant lui. Pour un jour les Français mé-content reprennent possession d'eux-mêmes. Stimulés par la lutte, ils se raidissent contre leurs oppresseurs, puis ils retombent dans leur apathie. Or, ce n'est que par une opposition active et persistante qu'on parvient aux grands changements, il ne faut pas de lassitude.

Le peuple est mécontent, cela est certain ; le gouvernement a contre lui plus de trois millions d'électeurs, et il ne retient la majorité qu'en recourant à toutes les vilenies, à toutes les corruptions, aux intimidations et même aux fraudes électorales ; c'est ainsi que se maintient un régime odieux, pourri, bêtement oppresseur, athée avec délices, favorable à tous les genres de démoralisation patentée, estampillée, publique, depuis l'obscénité jusqu'au sacrilège, depuis le blasphème du sénateur jusqu'à l'insulte du voyou ; régime qui unit dans un même sentiment d'horreur et de dégoût tous ceux qui n'ont pas perdu le sens moral et n'y sont pas rivés par l'intérêt, l'envie et l'ambition ; il n'a plus de partisans, il n'a que des complices.

De plus la République n'a donné que la misère au plus grand nombre en apaisant la voracité de quelques faméliques. *Humanum paucis vivit genus :* l'humanité n'existe que pour quelques privilégiés. Hélas ! cela est vrai, c'est surtout vrai sous le gouvernement des républicains, ils flattent le peuple pour mieux le tromper et ils l'exploitent dès qu'ils sont au pouvoir.

Il est bien inutile de citer des faits, depuis quinze ans les journaux en sont pleins, tout le monde les connaît et ils sont écrasants ! Voici, sous le titre de « Cri d'Alarme », le jugement qu'a porté le *National*, journal républicain :

« Le chaos dans lequel se débat la France républicaine, à l'intérieur et à l'extérieur, ne peut pas se prolonger plus longtemps.

« Il y a quelque chose de pourri dans notre pays de France.

« Une lente décomposition mine notre état politique qui

s'affaisse morceau par morceau. Tout le monde le comprend et tout le monde le dit.

« La représentation nationale, produit incohérent de toutes les ambitions, de toutes les vanités, de tous les appétits, de toutes les passions d'une democratie sans boussole, ne sait plus ni ce qu'elle veut ni ce qu'elle fait. Les partis se sont confondus, puis séparés, échangeant inconsciemment, dans cet avant-deux, leurs programmes sans s'en apercevoir. Les intransigeants sont devenus gouvernementaux, les gouvernementaux ont endoséé l'habit des intransigeants.

« L'administration, exposée à des changements quotidiens de direction, s'immobilise et s'anémie, comprenant qu'elle est à la merci des administrés qui tiennent les députés, maîtres à leur tour de l'existence des ministres. La France est devenue une abbaye de Thélème à l'usage de tous les malfaisants. « Fais ce que voudras et après nous la fin du monde... »

La République est une école de perversité, elle est le mal sous toutes ses formes, sous tous ses aspects ; voici une autre citation que j'emprunte à l'*Evénement,* journal républicain.

« Le crime n'est pas en baisse, il est en hausse. Il s'aggrave et il foisonne. Notre état social ne fait qu'empirer. Les tables officielles sont tristement éloquentes. A mesure que l'instruction se répand, l'abus de toutes les libertés précipite la dégénérescence de notre race. »

Parbleu ! L'instruction à elle seule, n'est pas la panacée qu'on prétend : isolée de l'éducation morale et religieuse, elle n'est une garantie ni de paix sociale ni de moralité individuelle. Je ne crois pas, par exemple, que la République aurait grand sujet de s'enorgueillir parce qu'elle aurait jeté sur le pavé des grandes villes un plus grand nombre de déclassés, dégoutés des humbles travaux de leurs pères, grisés d'orgueil, de convoitises et d'ambition, se ruant à la porte fermée des fonctions déjà encombrées, mourant de faim, justement exaspérés contre une société qui a éveillé chez eux des ambitions qu'elle ne peut satisfaire.

Qui ne sait que la grande prétention des républicains était de moraliser, de régénérer la France ! L'homme le plus néfaste de la République et le plus impopulaire — même dans son parti — a prononcé effrontément ces paroles dans une allocution aux maires de Paris au mois d'octobre 1870 : « *Nous entrons dans une période de grandeur austère succédant à une période de corruption et d'asservissement.* » Mais au lieu d'un relèvement des esprits et des caractères, le parti républicain a désorganisé toutes les forces sociales, blessé toutes les croyances, atteint tous les intérêts, compromis toute la fortune et tout l'avenir de la France ! Oui, l'abaissement et la stérilité sont partout : Oui, les hommes et le système sont profondément et irrémédiablement déconsidérés et la République est le plus nul, le plus dissolvant, le plus dispendieux des gouvernements.

Ce n'est pas tout, la République a produit dans les mœurs une pestilence particulière et pour y remédier le gouvernement a dû prendre des mesures de répression — bien inutiles, — et attentatoires à cette fameuse liberté dont on nous rabat les oreilles et qui en tout produit des effets détestables, parce qu'elle ne sait pas rester dans des limites raisonnables.

Du temps de l'Empire, les républicains prétendaient gravement que l'esprit public, détourné des grands intérêts de la politique, roulait vers la frivolité et l'indécence ; ce qu'on a dépensé d'encre sur cette idée est incroyable. Aujourd'hui il n'y a plus d'Empire et l'on peut parler politique tout son saoûl ; cela n'a pas empêché qu'il a fallu sortir des dictionnaires le mot peu usité de *pornographie*, toute la lie de l'âme humaine a été mise en mouvement par la licence républicaine.

Quand des aventuriers politiques rongent la France jusqu'aux moelles, se vautrant dans le budget, se gavant de fonctions et d'honneurs, les pornographes n'éprouvent aucun embarras à opérer plus modestement et à prendre aussi leurs avantages dans la souillure publique !

Quand on peut attaquer les dieux, les croyances de vingt siècles, les principes sociaux, tout en un mot, sauf le président de la République, personne ne s'avise de mesurer ses paroles et c'est pourquoi la France officielle et républicaine a dû avouer les plaies honteuses que n'avait pas connues le régime des « dix-huit ans de corruption ».

Un député de la droite, M. Delafosse, a dit excellemment : « La République est une plaie, sa politique un crime et son œuvre une dévastation » Elle est le résumé de tous les fléaux qui peuvent détruire un peuple.

Il n'y a pas à aller contre, c'est là une vérité éclatante comme la lumière du jour.

Et voici un troisième jugement, encore plus accablant, car il tombe de plus haut, c'est M. Jules Simon qui le porte : ce savant illustre et cet honnête homme a aussi flétri la République, voici ce qu'il a écrit dans le *Matin :*

« QUE DE FORTUNES DEPUIS QUINZE ANS : Tous ces piliers d'estaminet roulent carrosse, ils font bâtir des hôtels, ILS SONT MINISTRES. Les places qui leur profitent le plus sont celles qu'ils ne prennent pas pour eux. Celui-ci ne fait des démarches que contre argent comptant ; celui-là, quand il a placé son favori, prélève une part sur les revenus de l'emploi. RÉPUBLIQUE, TON NOM EST VÉNALITÉ. »

En 1793, le parti républicain fut atroce et insensé, mais il eut des cotés héroïques ; en 1848 il fut extravagant, mais il eut quelques généreux élans ; de nos jours il est carrément abject, ignoble, avili et avilissant : hideux dans toute l'acception du mot.

L'opposition.

En parlant de l'affaissement moral et politique où est tombé le peuple, j'ai dit que pourtant il se fait un réveil chez tous les mécontents et que l'opposition se manifeste, nombreuse et ferme, lors des élections. J'extrais les lignes suivantes d'un article de M. Edouard Boinvilliers, le lecteur verra combien l'opposition a été numériquement faible sous les gouvernements monarchiques et sous l'Empire et combien elle est forte sous la République.

« La Chambre de 1815, nommée cependant sous la pression de nos malheurs et avec une liberté qui n'a jamais été contestée, ne contenait pas au début de sa session un seul député élu comme opposant au régime impérial. Le pays avait donné à cette assemblée le mandat impératif de défendre l'Empire et l'Empereur contre les ennemis du dedans et du dehors ; elle a failli à sa mission, mais le pays n'avait pas manqué à la sienne.

Les Chambres de la Restauration, celles de Richelieu comme celles de Villèle et de Martignac, contenaient assurément des *libéraux,* mais si peu d'intransigeants contre la royauté légitime que lorsque 1830 arriva, les 221 eux-mêmes protestèrent jusqu'à la dernière heure de leur fidélité dynastique. Il ne fallut rien moins que les faveurs du roi des Français pour fermer ces bouches obstinément ouvertes pour acclamer le roi de France ; Louis-Philippe, pas plus que ses prédécesseurs, n'eut à se plaindre des électeurs qui lui envoyaient intrépidement des majorités favorables à sa royauté, aussi lorsqu'en 1848 les gardes nationaux en goguette renversèrent le trône par mégarde, en croyant ne renverser que Guizot, furent-ils dans la consternation, car ils détestaient la République. Sous l'Empire, la France n'envoya au Corps législatif que cinq républicains, réduits à quatre à la fin du régime par la démission de M. Emile Ollivier ; quant aux célèbres 116 que l'exemple de l'Empereur avait entraînés vers le parlementarisme, il n'y en a pas un qui n'eût regardé comme une injure l'accusation d'avoir abandonné l'Empire.

On peut donc affirmer qu'a toutes les époques de notre histoire contemporaine, le pays est resté opiniâtrement conservateur et, sous les monarchies d'origines les plus diverses, a envoyé au Palais-Bourbon des majorités presque universellement dynastiques. Au contraire, et depuis que la République est aux mains des républicains, il a rompu avéc une tradition séculaire et proclamé par la voix de plusieurs millions d'électeurs qu'il n'est pas républicain. Aucune contradiction n'est possible ce sujet, car les électeurs depuis dix ans séparent nettement à les candidats en *conservateurs* et en *républicains*, et les nôtres, sauf quelques rares exceptions, n'ont jamais caché leur opposition bien connue au régime politique actuel. Les conversions subites à la République ne se font pas au grand jour des élections générales, il y faut le clair-obscur de la Chambre.

N'oublions donc pas les trois millions cinq cent mille voix qui ont défendu la politique conservatrice et sachons que ce chiffre d'opposants — non pas seulement à la marche, mais à la forme du gouvernement — n'a jamais été atteint ni en France ni dans aucun autre pays du monde ; c'est un événement unique, imprévu, formidable, et la plus grande poussée conservatrice qu'un homme d'État ait jamais constatée. »

Dans cette situation, avec une telle masse et une telle force, se peut-il que la France reste livrée aux vampires qui l'épuisent lorsqu'il ne faut plus qu'un appoint pour changer la face des choses ? Je dis avec Lamennais (1) aux mous et aux timides : « Veuillez donc seulement et le monde changera de face. Que si au contraire, chacun de vous, inactif, silencieux, se tient à l'écart, regardant de là comment vont les choses et se plaignant qu'elles vont mal, renoncez à l'espoir que jamais elles aillent mieux, et, sons le poids des maux que vous léguerez à vos enfants, n'accusez que vous-mêmes, votre indolence et votre insouciance, votre égoïsme et votre lâcheté. »

____

(1) *Livre du peuple.*

Le suffrage universel.

> Le suffrage universel est un poison
> lent, mais sûr.   Proudhon.
> C'est un saut dans les ténèbres.
>   Lord Derby.

Si un écrivain ou un homme d'État s'avisait de démontrer l'absurdité du suffrage universel, il ferait une chose extrêmement facile, mais absolument inutile, car cela est su de tout le monde et il est nécessaire aux républicains qui sans l'ignorance et l'incompétence d'un grand nombre d'électeurs ne parviendraient pas à se maintenir au pouvoir où ils ne sont jamais arrivés que par surprise, violence ou trahison.

Je ne suis ni écrivain ni homme d'État, mais puisque j'ai la fantaisie de publier cette brochure, je veux traiter la question du suffrage universel par amour de la vérité et pour protester au nom du sens commun contre cette institution qui serait une folie si elle n'était un calcul dans un état social où le peuple sait si peu se diriger et est toujours si facile à tromper.

Je répète qu'il n'y a à cela aucune utilité *pratique*, je crois que le suffrage universel est entré dans nos mœurs, qu'il est enraciné et indestructible et qu'il faut l'envisager comme un mal nécessaire, mais si le mal, sous toutes ses formes, dans toutes ses variétés, est aussi indestructible, ce n'est pas une raison pour ne pas le combattre et en déplorer les effets. Depuis que nous jouissons des bienfaits de la République, on a fait de nombreuses *épurations*, c'est-à-dire que dans les divers personnels, administratif, judiciaire et autres, on a souvent supprimé les meilleurs pour les remplacer par les pires, mais on n'a pas *épuré* le suffrage universel, car plus il y a d'électeurs indignes ou ignorants, plus le gouvernement a de prise sur eux par la corruption et l'intimidation et nous avons vu avec quel art et quelle audace il se sert de ces moyens qui lui tiennent lieu de vertu politique.

Nous savons et nous disons que le peuple est souverain par ses suffrages qui sont ses volontés ; voyons quelle est sa capacité et comment les gouvernants agissent à son égard.

Personne n'a jamais essayé de démontrer la capacité, l'aptitude du peuple à exercer la souveraineté. Et, en effet, comment le ferait-on en présence des contradictions terribles dans lesquelles il est tombé quand on a voulu le mettre en possession de sa Souveraineté ? Approuvant, exaltant, glorifiant ceux qui le trompaient par des mensonges, s'égaraient par des parjures, s'imposaient à lui par la violence, le dépouillaient de tous ses droits ; l'histoire des divers votes et plébiscites par lesquels le peuple souverain a sanctionné tour à tour la monarchie constitutionnelle en 1791, puis les diverses constitutions républicaines, puis le Consulat, puis l'Empire, puis la République de 1848, puis le régime du 2 décembre et le second Empire, constitue l'argument le plus décisif qu'on peut invoquer contre la souveraineté du peuple (1).

Il n'y a, en effet, pas de souverain qui ne serait déclaré incapable, reconnu en état de démence ou d'imbécillité, il n'y a pas de particulier qui ne serait interdit judiciairement s'il avait montré par des contradictions aussi éclatantes que toute lueur d'intelligence s'est éteinte en lui et qu'il ne lui est plus possible de distinguer entre le vrai et le faux, entre le bien et le mal, entre l'affirmation d'hier et celle d'aujourd'hui (2).

---

(1) Je ne parle pas de la République actuelle, puisqu'elle n'existe pas en vertu d'un plébiscite et qu'elle a été votée par l'Assemblée nationale à UNE voix de majorité.

(2) La souveraineté du peuple n'est en réalité que celle du fait accompli, car si le peuple peut ce qu'il veut, ce qu'il fait est légitime jusqu'à ce qu'il le défasse, mais que deviennent la justice, la

Cela s'applique à tous les temps, c'est une vérité générale, voyons quelle est au juste la situation actuelle.

Les procédés du gouvernement sont si connus qu'il suffit de les rappeler sommairement pour éviter une lacune : il a ses agents, préfets, sous-préfets, maires. juges de paix, jusqu'aux cantonniers et aux gardes-champêtres, sans parler des autres fonctionnaires dont l'action ne peut être égale, mais est pourtant utile ; or, il est acquis, absolument avéré que tout ce monde reçoit des ministères une impulsion énergique, puis exerce une pression scandaleuse sur les électeurs susceptibles de se laisser influencer par menaces, promesses ou faveurs et on m'accordera qu'ils sont assez nombreux ; il a les fonds secrets et d'autres ressources qui dépassent de beaucoup celles des candidats de l'opposition et il donne aux siens, non seulement l'appui de ses agents, mais encore de son argent qui lui vient des contribuables ; et quand ils succombent, il lui reste l'emploi des fraudes, telles que grattages, suppression et annulation de bulletins, et si, malgré tout, il n'arrive pas à ses fins, une majorité pudique se charge de les invalider.

Voilà l'exposé bref et net de ce que fait le gouvernement :

---

liberté, la civilisation, si le fait accompli prime toute autre considération ? Cette affirmation est la justification en droit, la légitimation la plus absolue de l'insurrection et des conspirations. Si le fait accompli est tout, s'il est vrai que le fait crée le droit, dès lors la seule préoccupation des partis doit être d'*accomplir* ce fait dont la réalisation rendra leur pouvoir légitime: la force devient l'unique arbitre, la seule règle de la politique et la société est livrée à tous les hasards de la violence. Dans une société dissoute où les passions populaires sont la seule force effective, l'Empire est au parti qui saura les flatter pour s'en servir Par suite, à côté du gouvernement légal qui ne peut ni les réprimer ni les satisfaire, il se forme un gouvernement illégal qui les autorise, les excite et les conduit. A mesure que le premier se décompose et s'affaisse, le second s'affermit et s'organise, jusqu'à ce qu'enfin, devenu légal à son tour, il prenne la place du premier.

certes il a le droit d'avoir ses candidats et de les soutenir, il peut les recommander aux électeurs par ses journaux et ses agents, c'est ce qu'ont fait tous les gouvernements, ce qu'on a appelé sous l'Empire *la candidature officielle*, tant décriée des républicains qui depuis...., mais alors, n'étant pas au pouvoir, ils étaient vertueux ! Je ne dis pas que l'Empire n'a pas aussi abusé de ses moyens d'action, je conviens même qu'il est difficile à un gouvernement quelconque de ne pas dépasser la mesure avec tant d'avantages, mais il y a une limite et cette limite, les républicains l'ont autrement dépassée que l'Empire, ces redresseurs ont toujours été en fait de vilenies les maîtres de ceux qu'ils ont attaqués ; quand ils ne sont pas en situation d'en commettre, oh ! alors ils sont purs !

Et voilà comment le gouvernement républicain respecte la VOLONTÉ NATIONALE et quels égards il a pour l'*intelligence* du peuple SOUVERAIN, il mène comme du bétail ceux qui sont dociles à ses paroles ou il recourt à la corruption et aux autres moyens dont il dispose en reprochant à ses adversaires ses propres turpitudes ; contre l'énorme force gouvernementale ils n'ont pas le droit de faire des dépenses ou des libéralités, même la bienfaisance leur est imputée comme un abus électoral et les met dans le cas d'être invalidés.

Mais en dehors de l'action du gouvernement nous voyons que le suffrage universel favorise toujours davantage les faiseurs habiles qui appliquent les procédés mécaniques d'élection auxquels doit nécessairement aboutir ce honteux esclavage de l'intelligence par le nombre ; or, tout peuple qui renie ses chefs naturels, princes, nobles ou bourgeois, avec lesquels il s'est fait à travers les siècles, se voue à la tyrannie des charlatans. Et c'est ce que nous avons.

Oui, il est absurde, contraire à la raison et même au sens commun, d'investir du droit électoral, sans conditions ni garanties, tout homme, uniquement parce qu'il existe. La politique aux mains des gens éclairés fonde et conserve les sociétés, aux mains de tout le monde, elle les détruit (1).

La corruption politique en France sera bientôt pareille à celle des Américains, voici quelques lignes extraites d'un livre dont le titre est *Cent ans de République* et qui est signé par M. le duc de Noailles :

« Le sort du pays pour quatre années dépend de quelques milliers ou de quelques centaines d'électeurs dont les opinions ne se fixent qu'à l'aide d'arguments monnayés... Les politiciens commencent à tromper les comités ou les candidats sur la quantité des voix qu'ils s'engagent à fournir, et, de leur côté, les électeurs trompent les politiciens sur la nature des suffrages qu'ils promettent de déposer dans l'urne. On est forcé d'avoir un surveillant spécial par escouade de cinq votants. Chacun doit tenir son bulletin ouvert et l'élever en l'air visiblement » (2).

---

(1) Voici comment M. Jules Ferry a traité le suffrage universel dans un discours aux délégués sénatoriaux, le 21 décembre 1891 : « *C'est une foule venue on ne sait d'où*, dont les retours soudains sont aussi inexplicables que ses premiers entrainements. »
Il a dit vérité ! Mais uniquement parce que le suffrage universel l'a rejeté aux électeurs sénatoriaux ; s'il l'avait renommé, il serait toujours pur et intelligent. A ce langage on reconnait l'homme dont un député républicain (M. Millerand) a dit qu' « il révèle une originalité propre : c'est d'avoir su exploiter à son profit toutes les solennelles hypocrisies. »
Ah ! toutes les hypocrisies ne sont pas « solennelles » et ne peuvent pas l'être, mais elles abondent dans notre République.

(2) Telle est la pratique du suffrage universel aux Etats-Unis, et pourtant il n'y a jamais passé pour une institution marquée du caractère de l'absolu ; on n'y a vu qu'un simple procédé de politique contingente, dont l'utilité, la nécessité temporaire, pouvaient être balancés avec les inconvénients et les dangers.
Partout où la race anglo-saxonne domine, fait remarquer avec raison M. de Noailles, « les meilleurs, et non les moins libéraux, sont d'accord sur cette interprétation du droit de suffrage. Les

Voilà l'idéal vers lequel nous marchons : bientôt l'évolution des hommes qui doivent veiller à la prospérité et peut-être au salut de la France, deviendra partout un vil marchandage et les places au Parlement seront prises par les plus riches ou les plus impudents !

En tous pays et quel que soit le régime, les élections sont

---

modernes se rencontrent ici avec les anciens et les Américains avec les Anglais. M. Jameson, résumant la doctrine des Etats-Unis, se borne à répéter aujourd'hui textuellement les arguments de Story et d'Hamilton et M. Egra Séomon, s'appuyant sur la haute autorité de Stuart Mill, conclut dans le même sens, en maintes pages de son livre. « Le droit électoral, base du droit public dans les démocraties, écrit-il, n'est pas un droit inné que possède chaque homme à titre d'héritage personnel. Au contraire, c'est un pouvoir confié à certains citoyens afin de sauvegarder les intérêts de tous. Nul ne peut le revendiquer légitimement, à moins d'avoir assez d'intelligence et de courage civique pour l'exercer avec convenance et en vue du bien général. C'est un droit acquis, ce n'est pas un droit naturel. Tous les écrivains aux Etats-Unis, en Angleterre, en Allemagne, en Italie, partout où la *Cultur*, comme disait Bruckhardt, est avancée, se refusent à admettre que l'électorat doive être érigé en loi primordiale et se révoltent unanimement contre « l'absurdité d'un tel principe. »

Le principe de la souveraineté des majorités une fois reconnu par la constitution des Etats-Unis, la logique aurait dû arriver à reconnaître que ces majorités avaient le droit de faire ce qui leur plaisait.

C'est le raisonnement qui est venu à l'esprit des Français et qui a été inscrit dans nos constitutions républicaines, sauf, bien entendu, le droit de rétablir la souveraineté du roi si l'on trouvait celle du peuple par trop inepte et trop dangereuse.

Les Américains ne se sont pas laissé enfermer dans ce dilemme. Pour eux le *Self government* est à la fois la souveraineté du peuple et la souveraineté du droit du peuple. La majorité commande et doit être obéie, mais au-dessus de tout pouvoir, de toute majorité plus ou moins éphémère, subsistent les règles invariables de la justice. D'après nos républicains du jour, qui répètent ce qu'ils ont lu dans Rousseau et Mably, le nombre prime et crée le droit. D'après les écrivains des Etats-Unis au sujettes aux brigues et aux intrigues, il ne faut pas s'élever contre un fait *humain*, mais dans les démocraties avancées, au lieu du correctif des lumières, et de la moralité à un mal qui est inévitable, l'abus et le scandale sont passés à leurs dernières limites et l'Etat, au lieu d'être gouverné par les meilleurs ou du moins par des hommes capables, devient la

contraire, la Constitution a été fondée pour établir la liberté et la justice ; le gouvernement a été institué pour assurer le plus grand bien de tous.

Ce qui est juste reste donc juste, non parce que la majorité l'a voulu, mais en soi et par soi, indépendamment du chiffre des suffrages et en dehors de toute question numérique. « Quand chez un peuple, écrivait Otis dans son livre *The Federalist*, les institutions politiques se prêtent à ce que le parti prépondérant puisse se coaliser pour opprimer le parti le plus faible, il est permis d'affirmer avec certitude que l'anarchie règne aussi complètement que dans l'état de nature. »

Il peut paraître étrange d'avancer qu'une majorité soit une faction: dit John Adam dans son ouvrage qui a paru à Londres en 1788, l'idée est pourtant strictement juste. Si la majorité se montre partiale dans son propre intérêt, si elle refuse d'accorder à chacun des membres de la minorité une égalité parfaite, la majorité est une faction. Madison exprime la même pensée, et le jurisconsulte Story l'a reproduite cinquante ans plus tard dans son commentaire classique de la Constitution des Etats-Unis. « Nous savons, y dit-il, que les factions sont le produit naturel et spécial des républiques, et par ce mot de faction on doit comprendre un certain nombre de citoyens qui se groupent, soit en minorité, soit en majorité, par quelque impulsion de l'esprit de parti, des passions ou des intérêts, contraires aux droits des autres citoyens ou au bien général et permament de la communauté. »

On voit que ces principes sont tout à fait différents de ceux des républicains français, on pourrait peut-être nous demander si nous supposons qu'ils en aient. Nous avouons que nous serions fort embarrassé pour trouver une réponse précise ; jusqu'ici leurs principes se sont résumés dans ce seul mot: *l'intérêt*. Nous ne suivrons pas M. le duc de Noailles dans les renseignements qu'il nous donne sur l'élection du Sénat des Etats-Unis. Là encore on proie des politiciens qui se font une carrière des affaires publiques. Et quelle conscience de la justice peut avoir un ramassis trop fécond de députés jaloux de leur lucrative fonction, perpétuellement les oreilles au vent de la renommée, patrons assidus d'une masse gangrenée d'infiniment petits, mais pondérable dans la balance électorale?

En présence de tels résultats, n'est-ce pas encore le cas de

----

voit les différences existant entre la façon de comprendre le gouvernement et le respect du droit aux Etats-Unis et en France. En Amérique, chaque Etat élit deux sénateurs. En 1787, les délégués des grands Etats à la Convention voulaient faire élire le Sénat, comme la Chambre fédérale, par le peuple au suffrage direct et proportionnellement à la population. Rien n'était plus conforme à la loi du nombre, mais les petits Etats y perdaient leur autonomie et leur personnalité même. Après les discussions les plus sérieuses, il fut décidé que chaque Etat nommerait deux sénateurs ; c'était maintenir le respect de la liberté des Etats et leur représentation sincère. En France, on avait inventé dans la Constitution de 1875, une espèce de représentation des communes pour le choix des électeurs sénatoriaux. Le nombre a déjà fait modifier cet article de la Constitution.

Si on veut bien remarquer qu'avec le principe de la souveraineté du nombre la majorité n'est presque jamais formée par la moitié plus un des électeurs inscrits, que des gens payant l'impôt ne sont pas électeurs, telles, par exemple, les veuves et les filles majeures ayant souvent une intelligence supérieure et des intérêts autrement considérables que beaucoup des électeurs inscrits, il sera facile de comprendre pourquoi, dans tous les partis, des écrivains sérieux n'envisagent pas sans terreur l'avenir réservé aux peuples qui ont adopté ces principes pour établir la base de leur gouvernement.

En lisant le travail de M. le duc de Noailles, on peut toucher du doigt la différence existant entre la manière de comprendre le gouvernement aux Etats-Unis et celle de nos Jacobins de France. Malgré la différence qui sépare les Américains des peuples vivant dans les Sociétés monarchiques de l'Europe et la sagesse de leur Constitution, la souveraineté du nombre ne laisse pas de les préoccuper.   A. Lenthéric.

dire que le suffrage universel est la glorification de la bêtise
humaine, puisque la plupart des électeurs sont incapables de
choisir leurs mandataires, ce qui les met à la discrétion des
plus habiles et des plus menteurs, car ils n'épargnent pas les
promesses, toujours les mêmes, toujours violées, et ne son-
gent qu'à se gaver quand ils sont arrivés. Ainsi la sottise ou
la vénalité, et souvent l'une et l'autre sont les principaux
moteurs du suffrage universel, et dans toutes les Républiques
du monde, dans l'antiquité comme de nos jours, on relève les
mêmes faits qui sont inhérents à la nature humaine ; dans
une démocratie à outrance, comme la nôtre, nécessairement
ils foisonnent et ils sont, avec les vices de l'éducation, les
agents les plus actifs de destruction sociale.

Je veux en terminant donner quelques extraits, justes et
piquants, empruntés à Charron, à Montaigne et à Cicéron ;
le lecteur verra si ce que disent ces auteurs n'est pas en quelque sorte de la moelle de vérité.

« Sans jugement, raison, discrétion, il juge brusquement et
à l'étourdie, tout par opinion et par coutume, ou par le plus
grand nombre, (suffrage universel ! en 1570 !) allant à la file
comme les moutons qui courent après ceux qui vont devant
et non par raison et vérité. Envieux et malicieux, ennemi
des gens de bien, contempleur de vertu, regardant de
mauvais œil le bonheur d'autrui, favorisant au plus faible
et au plus méchant, et voulant mal aux gens d'honneur, sans
savoir pourquoi, sinon parce qu'ils sont gens d'honneur et que
l'on en parle bien ou en bien... Mutin, ne demandant que la
nouveauté ou remuement séditieux, ennemi de paix et de
repos, surtout quand il rencontre un chef... Otez-lui les
chefs : le voilà abattu, effarouché et demeure tout p'anté
d'effroi. »

Charron.

Le conseil municipal de Paris a donné à une rue de Paris
le nom de Charron, voyant dans ce philosophe un ancêtre de la
démocratie contemporaine, il ignorait probablement le juge-

ment porté par Charron sur le peuple, le *dêmos* d'Aristophane.

« Il fault trier de toute une nation une douzaine d'hommes pour juger d'un arpent de terre, et le jugement de nos inclinations et de nos actions nous le remettons à la voix de la commune et de la tourbe, mère d'ignorance, d'injustice et d'inconstance. Est-ce raison de faire despendre la vie d'un sage du jugement des fols ? »

MONTAIGNE.

« Quelle plus grande folie d'estimer réunis ceux que l'on méprise chacun à part : *An quidquam stu ltius, quam, quos singulos contemnas, eos aliquid putare esse universos* (1).

CICÉRON.

Même théoriquement, sans voir ce qui se passe, est-ce que cela est réfutable ? Le suffrage universel n'est-il pas le comble de la folie et une menace incessante contre le bien public ? Proudhon l'a ainsi défini : « C'est un poison lent, mais sûr ». N'est-ce pas une vérité prouvée par des faits qui sont indéniables ?

---

(1) Voir sous la rubrique *Varia* les vers de Victor Hugo et de Joseph Autran.

Varia (1).

Une des plus dangereuses folies de notre siècle, c'est de s'imaginer que l'on constitue un Etat et qu'on forme une société du jour au lendemain, comme on élève une manufacture. On ne fait point les sociétés : la nature et le temps les font de concert. On écrit sur un morceau de papier qu'on est une monarchie ou une république, en attendant qu'on soit en réalité quelque chose. Mais il y a une loi immuable contre laquelle rien ne prévaut : toute société qui, étant sortie des voies de sa nature, s'obstine à n'y point rentrer, ne se renouvelle que pour la dissolution. Il faut, ainsi que l'homme, qu'elle traverse le tombeau pour arriver à la vie une seconde fois.

LAMENNAIS.

On ne refait pas plus le tempérament d'un peuple que celui d'un individu ; il est impossible d'arracher du corps d'une nation un organe essentiel sans la frapper de mort et pour maintenir une société dans les conditions normales de sa force et de sa vie, il est nécessaire avant tout de conserver au milieu d'elle, haute et respectée, l'institution centrale avec laquelle et par laquelle un peuple est né, a vécu, a grandi, a prospéré, s'estdéveloppé, ne faisant qu'un avec elle, et trouvant dans cette alliance féconde, à travers les vicissitudes de son histoire, lagarantie souveraine et permanente de sa grandeur et de son unité.

Mgr FREPPEL.

---

(1) Tout ce que je viens de dire est basé sur des faits, néanmoins j'ai voulu donner à l'appui des extraits d'auteurs, presque tous célèbres, qui ont exprimé des vérités que les événements ont rendu évidentes.　　　　　　　　　　　　　　G.

De tous les gouvernements, la République est celui qui aurait le plus besoin que les hommes fussent sages.

MONTESQUIEU.

*
* *

C'est reconnaître implicitement qu'il est le plus périlleux et celui qui donne aux gouvernés le moins de sécurité et de garanties ; les faits ont assez démontré la justesse de l'idée émise par Montesquieu.   G.

L'avantage d'un Etat libre est que les revenus y sont mieux administrés ; lorsqu'ils le sont plus mal, l'avantage d'un Etat libre est qu'il n'y a point de favoris ; mais quand cela n'est pas et qu'au lieu des amis et des parents du prince, il faut faire la fortune des parents et des amis de ceux qui ont part au gouvernement, tout est perdu...

MONTESQUIEU : *Grandeur et décadence des Romains.*

*
* *

Cette anarchie intérieure à laquelle est en proie le parti républicain, ces rivalités de factions, de coteries et de personnes, cette inanité des doctrines démocratiques, tout ce spectacle qui se déroule sous nos yeux, donne un prix infini à cet admirable passage de Montesquieu, où la situation présente est prise sur le fait et comme dépeinte par un témoin oculaire :

« Ce fut un assez beau spectacle dans le siècle passé de voir les efforts des Anglais pour établir parmi eux la démocratie. Comme ceux qui avaient part aux affaires n'avaient point de vertu, que leur ambition était irritée par le succès de celui qui avait le plus osé, que l'esprit d'une faction n'était réprimé que par l'esprit d'une autre, *le gouvernement changeait sans cesse : le peuple étonné cherchait la démocratie et ne la trouvait nulle part. Enfin après bien des mouvements, des chocs et des secousses, il fallut se reposer dans le gouvernement même qu'on avait proscrit.* »

C'est le coup d'œil du génie ; son regard perçant avait

deviné nos démocraties, et les lois de l'histoire sont inexorables.   G.

La démocratie ne fonctionne pas en réalité au profit du plus
grand nombre, elle n'aboutit qu'à faire les affaires d'une aristocratie à rebours, d'une aristocratie de tapageurs et d'ambitieux.

Est-ce pour cela qu'on a fait tant de révolutions et la tré-
pidation perpétuelle est-elle le dernier mot du progrès politique ? Les gens qui mènent le tapage sont si peu nombreux au
fond ! Et les gouvernements pourraient se faire tant de bien
en écoutant, au lieu de ce bruit, le silence des millions de
travailleurs qui produisent et qui souffrent.

A Paris, et Paris c'est la France, l'on ne sait jamais prendre intérêt aux choses, si l'on en prend aux personnes. Les
usages d'une vieille monarchie vous ont habitués à tout per-
sonnifier. C'est une mauvaise manière d'être pour un peuple
qui voudrait sérieusement la liberté ; mais vous ne savez guère
vouloir rien sérieusement, si ce n'est peut-être l'égalité. Et
encore on y renoncerait volontiers si chacun pouvait se flatter
d'être le premier. Être égaux en tant que tout le monde sera
au-dessus, voilà le secret de toutes vos vanités ; il faut donc
donner à tous l'espérance de s'élever (1).

Depuis qu'au prix de tant de révolutions nous avons con-
quis l'égalité en France, c'est une mine inépuisable de gaîté
pour l'observateur que l'attitude réciproque des bourgeois
entre eux, leur respect gradué selon le rang et la fortune, la

---

(1) Napoléon. *Mémoires de Mme de Rémusat.*

société des villes marchandes subdivisée en centaines d'éche-
lons selon l'importance convenue des industries et des com-
merces, l'âpreté générale qui fait se ruer ce monde-là sur les
titres et les décorations. C'est aussi un plaisant spectacle de
voir comme la vanité les trouble aux moindres marques
d'attention d'un homme à particule.

. . .

Il y a des gens qui ont l'air de concevoir la marche du
monde comme un drame divisé en actes. Ils croient que pendant les entr'actes ils peuvent se livrer, sans crainte d'être
troub'és, à leurs plaisirs et à leurs affaires privées. Ils ne
voient pas que ces intervalles, pendant lesquels les événements semblent interrompus, sont le moment intéressant du
drame. C'est pendant ce calme apparent que se préparent les
causes du bruit qui se fera plus tard. Ce sont les idées qui
forment la chaîne des temps. Ceux qui ne voient que les
grosses choses, qui n'entendent que les détonations, ne com-
prennent rien à l'histoire.

DE FIQUELMONT.

. . .

Il n'y a pas de justice où il n'y a pas de lois fixes, il n'y a
pas d'indépendance où il n'y a pas de désintéressement
absolu.

. . .

Le grand péril des âges démocratiques, c'est la destruction
ou l'affaiblissement excessif des parties du corps social en
présence du tout. *Tout ce qui relève de nos jours l'idée de
l'individu est sain;* tout ce qui donne une existence à part
à l'espèce et grandit la notion du genre est dangereux. L'esprit de nos contemporains court de lui-même de ce côté. La
doctrine des réalistes introduite dans le monde politique,
pousse à tous les excès de la démocratie : c'est elle qui facilite

le despotisme, la centralisation, le mépris des droits particuliers, la doctrine de la nécessité, toutes les institutions qui permettent de fouler aux pieds les hommes et qui font de la nation tout et des citoyens rien.

. . . .

Il n'y a pas de pouvoir sur la terre qui puisse empêcher que l'égalité croissante des conditions ne porte l'esprit humain vers la recherche de l'utile et ne dispose chaque citoyen à se resserrer en lui-même (1).

*
* *

Le grand péril des démocraties, c'est l'affaiblissement et la ruine de l'individualité humaine.

Tocqueville.

Le même auteur voyait dans la religion un instrument et une garantie de liberté, le contre-poids le plus salutaire et le plus nécessaire aux maux et aux périls de la démocratie. Voici comment il s'exprime : « Plus l'homme s'accorde de libertés sur la terre, plus il doit avoir soin de s'enchaîner du côté du ciel. »

*
* *

La religion contient la seule force sur laquelle une société libre peut s'appuyer pour vivre et l'esprit religieux d'un peuple doit croître en raison même du degré de liberté de ce peuple : la liberté augmentant bien plus la somme des devoirs que celle des droits.

« Croire que le christianisme ne fait que des chrétiens, c'est se tromper étrangement : il fait en même temps et par surcroît des citoyens ; il fait ce tempérament national, cette sorte de trésor public dans lequel se puisent à pleines mains l'autorité sans despotisme, l'indépendance sans révolte. » Rien n'est

____

(1) *La Science politique au XIXe siècle*, par Paul Janet, membre de l'Institut.

plus vrai : détruire ou diminuer le sentiment religieux d'un peuple, c'est appauvrir son sang et tarir en lui les vraies sources de la vie. En dehors de la religion, songer à donner la liberté et surtout à proclamer la république, c'est démence ! Plus on s'affranchit du côté de la terre, plus il faut se lier du côté du ciel. Quand l'ordre moral baisse dans le for intérieur, le tyrannie s'élève dans le code.

C'est ainsi que la religion est à la fois la règle des individus et la force des sociétés ; elle enseigne à aimer Dieu et l'homme, que la philosophie apprend seulement à connaître.

Les lignes suivantes sont extraites de la péroraison du discours d'adieu du général Washington à ses concitoyens :

« La religion et la morale sont les bases indispensables de toutes les dispositions et de toutes les habitudes qui conduisent à la prospérité publique. Celui qui cherche à renverser ces grandes colonnes du bonheur humain, ces étais les plus solides de la destinée des hommes et des citoyens, réclamerait en vain le titre de patriote. Un volume ne suffirait pas pour énumérer tous les rapports qu'elles ont avec le bonheur public et privé. Et n'admettons qu'avec précaution que la morale peut exister sans la religion. La raison et l'expérience nous défendent d'espérer qu'il puisse y avoir une moralité nationale si l'on en exclut le principe religieux.

« WASHINGTON. »

Il faut que nous fassions un aveu : nous ne sommes pas encore parvenu à comprendre comment, avec la masse de liberté dont la France a accepté le fardeau, elle pourra marcher avec sécurité à travers les précipices de sa route, tant qu'une religion n'aura pas saisi profondément les âmes des citoyens ; et nous ne concevons pour un peuple sans foi, aucun repos, aucun point d'arrêt que le despotisme. Pensez-y bien : tant de liberté, et point de croyances ! La conscience du droit séparée de celle du devoir ! De l'intérêt beaucoup, des affections si peu ! Quelles combinaisons ! Quelles chances ! Quel avenir ! Et qu'on n'essaye pas pour se rassurer, de citer des exemples analogues : il n'y en a que d'effrayants. La liberté sans la foi a fait crouler les nations ; et s'il y a aujourd'hui des peuples libres qui supportent leur liberté, qui en jouissent, qui y retrempent incessamment leur vigueur, et qui n'ont rien à en redouter, ce sont des peuples qui croient. Tout nous persuade que la liberté française est précaire, qu'elle est menacée par elle-même, qu'elle ne saurait ni se consolider ni se régler tant qu'elle ne pourra pas opposer aux tentatives des ambitieux de toute espèce, à qui la carrière est si largement ouverte par l'état des choses et des esprits, la cohésion d'un peuple éclairé. vraiment civilisé, uni dans une communauté de convictions morales.

Sur une partie au moins de cette vérité, les philanthropes sont parfaitement d'accord avec nous. Ils pensent qu'il n'y a aucun gage assuré de stabilité ni de liberté dans un pays où les masses sont au plus offrant ou au plus habile, à l'anarchiste ou au tyran, selon l'occurrence, et disposées à prêter à l'un ou à l'autre (c'est à dire à la tyrannie sous deux noms différents) la terrible souveraineté de la force. Ce sont ces masses qu'il faut, dans l'intérêt du progrès et de l'ordre, non pas désarmer, mais plutôt armer, armer d'instruction, de lumières, et par là même de prospérité matérielle. C'est le seul moyen de les arracher à l'influence de leurs trompeurs et dangereux amis, de les gagner aux deux intérêts que nous venons de nommer, et dont le nom commun est *civilisation*, en d'autres termes de créer pour le pays une liberté saine et robuste, qui n'ait pas plus à craindre de la corruption du dedans que des attaques du dehors.

En deux mots, à qui le peuple appartiendra-t-il ? A lui-même ou aux ambitieux ? Il faut que ce soit à lui-même ; et cette indépendance, cette *souveraineté morale*, l'instruction seule peut la lui donner. Le salut du pays est là. .

(Extrait de l'Education, la Famille et la So-
ciété, par A. Vinet.)

— 43 —

Voilà une page qu'on croirait datée d'hier, elle est de 1832 ; il y a donc près de 60 ans qu'elle a été écrite par un pasteur protestant. Alors, comme aujourd'hui, le mal de l'irreligion existait « avec la masse de liberté dont la France avait accepté le fardeau », et ce mal, en s'aggravant toujours, nous a conduits à un état moral épouvantable et tel qu'il est à craindre qu'il faudra un cataclysme pour nous ramener à la raison, à la vérité, au sens commun.

G.

Voici ce qu'écrivait Proud'hon le 3 mai 1860 à son ami Beslay :

« J'ai vécu, j'ai travaillé, je puis le dire, quarante ans dans « la pensée de la liberté et de la justice ; j'ai pris la plume « pour les servir, et je n'aurai servi qu'à hâter la servitude « générale et la confusion. »

Et ailleurs :

« On verra une multitude déchaînée, armée, ivre de vengeance et de fureur ;

« Des piques, des haches, des sabres nus, des couperets et des marteaux ;

« La cité morne et silencieuse ; la politique au foyer de la « famille, les opinions suspectées, les larmes observées, les « soupirs comptés, le silence épié, l'espionnage et les dénon- « ciations ;

« Les réquisitions inexorables, les emprunts forcés et pro- « gressifs, le papier-monnaie déprécié ;

« La guerre civile et l'étranger sur les frontières ;

« Les proconsulats impitoyables, le comité de salut public, « un tribunal suprême au cœur d'airain ;

« Voilà les fruits de la révolution démocratique et so- « ciale. »

Je pense que les purs, les radicaux, les socialistes ne peuvent renier Proud'hon ?

Aux gens qui comme les idoles de la Bible, ont des oreilles

pour ne pas entendre, des yeux pour ne point voir, je rappelle les éphémérides de la Commune qui prouvent combien était exact le portrait que Proud'hon a fait de la vraie république.

En France on oublie trop. On oublie que M. Thiers s'était écrié à la tribune :

« Vous nous dites tous les jours que le socialisme est un fantôme qu'il nous plaît de promener devant les yeux de la France pour la troubler et l'entraîner dans nos voies. Nous sommes convaincus que le danger est réel, qu'il est immense ; nous voudrions bien pouvoir nous dire à nous-mêmes, avec quelque sérieux, que c'est une illusion ; nous voudrions bien n'être que des maniaques ayant peur ; mais nous craignons de n'être que des hommes prévoyants et qui, peut-être, se font une illusion, celle de ne pas croire assez à toute l'étendue du mal. »

On oublie qu'il y a eu dans tous les temps des endormeurs, des optimistes, des naïfs, qui ne croyaient pas à l'incendie, quand la maison était déjà en flammes.

On oublie que quiconque, en 1789, eût prédit les échafauds de 1793, aurait été traité de scélérat et de fou.

On oublie que les gens qui, en 1848, criaient : Vive la réforme ! ne se doutaient guère des journées de Juin.

On oublie que les libéraux qui, au commencement de la dernière guerre, réclamaient si bruyamment des fusils pour les faubourgs, ne pensaient pas que les fusils ainsi réclamés serviraient aux assassinats de la Roquette et de la rue Haxo.

On oublie que la journée du 18 mars est la fille de la journée du 4 septembre et que quiconque sème le vent ne doit pas s'étonner de récolter la tempête.

On oublie que huit mois de déclamations contre Napoléon amènent le renversement de la colonne Vendôme ; que huit mois de déclamations contre les prêtres amènent le massacre des otages.

On oublie que M. Thiers souriait, quelques jours avant la Commune, quand on lui parlait de la possibilité d'une émeute.

On oublie que depuis les Bailly et les Lafayette, jusqu'aux Marcère et aux Jules Simon, il y a toujours eu des hommes de centre gauche qui ont poussé ou la naïveté jusqu'à la folie ou la mauvaise foi jusqu'au crime.

On ne peut nier que nos gouvernants s'efforcent de détruire le Christianisme en France, qu'ils haïssent surtout le catholicisme et rien ne prouve mieux leur charlatanisme que cette haîne idiote contre la religion qui exprime le mieux les vrais principes républicains, car elle prêche l'évangile, c'est-à-dire, la liberté, l'égalité et la fraternité dont les républicains ont fait trois mensonges, puisqu'ils violent chaque jour la devise qui est inscrite sur nos monuments publics.

Sous notre première révolution, à peine les différentes sectes de gouvernement avaient-elles aboli la religion, qu'elles en proposaient immédiatement une autre : en effet, à peine Chaumette avait-il abattu les autels catholiques qu'il poposait son culte de la *Raison*. A peine Robespierre avait-il envoyé à l'échafaud Chaumette et ses acolytes, qu'il préconisait son culte à l'*Être suprême*. A peine le grand-prêtre de l'*Être suprême* avait-il disparu sur l'échafaud du 9 thermidor, que Larèveillère-Lépaux inventait le culte de la *Théophilanthropie*.

Je ne puis décrire ici les insanités des révolutionnaires de 93, qui, après avoir abjuré le christianisme, ont été obligés d'inventer trois religions en trois ans ; mais au moins les Chaumette, les Robespierre et les Réveillère croyaient en Dieu et en proclamaient l'existence, tandis qu'aujourd'hui celui que Proud'hon a appelé *le nommé Dieu*, ne figure plus dans le programme de nos savants et de nos gouvernants. Sommes-nous donc destinés à devenir une nation sans Dieu, monstruosité qui ne s'est encore vue en aucun temps et chez aucun peuple ?

Voici comment s'exprime M. Guizot dans ses *Méditations sur l'essence de la religion chrétienne :*

« Y a-t-on bien pensé ? Se figure-t-on ce que deviendraient

l'homme, les hommes, l'âme humaine et les sociétés humaines, si la religion y était effectivement abolie, si la foi religieuse en disparaissait réellement ? Je ne veux pas me répandre en complaintes morales et en pressentiments sinistres ; mais je n'hésite pas à affirmer qu'il n'y a point d'imagination qui puisse se représenter avec une vérité suffisante ce qui arriverait en nous et autour de nous si la place qu'y tiennent les croyances chrétiennes se trouvait tout à coup vide et leur empire anéanti. Personne ne saurait dire à quel degré d'abaissement et de dérèglement tomberait l'humanité. C'est pourtant là ce qui serait si toute foi au surnaturel s'éteignait dans les âmes, si les hommes n'avaient plus, dans l'ordre surnaturel, ni confiance, ni espérance. »

Quelques maximes politiques à l'usage de la démocratie française de M. Edouard Alletz.

« Un député salarié n'est plus qu'un employé dans une manufacture : peu importe qu'on y fabrique des lois ou du coton. »

« Quand les fonctions législatives sont gratuites, le plus beau rôle appartient aux députés pauvres : sont-elles rétribuées, la balance de la considération penche du côté des riches. En effet, dans le premier cas, plus un membre de cette assemblée aurait besoin d'un traitement, plus il fait preuve de générosité. Dans le second, il laisse à penser qu'il n'a brigué l'honneur de voter des lois que pour faire meilleure chère. »

« Il n'y a pas d'autre moyen de diriger la démocratie que de la rendre chrétienne. »

« Le danger des sociétés modernes n'est pas dans l'accroissement toujours plus rapide du nombre des hommes ayant des lumières, mais dans la diminution de plus en plus sensible des hommes ayant des croyances. »

« La démocratie sans vertu est le plus grand fléau des sociétés humaines. Elle conduit tout droit à la tyrannie militaire. »

« Vouloir satisfaire en même temps tous les intérêts, avoir cent mains pour fermer toutes les bouches qui crient, faire quelque chose pour chacun, donner un peu à tous, c'est d'une politique timide, mesquine. pleine de petitesse et menacée d'avortement. »

« Il y a des gens qui veulent rétablir la morale par la politique. mais on ne ramène la morale que par elle-même, tandis qu'on doit arriver à un système politique par des principes qui tiennent à la morale. »

« Faire une loi qui blesse la religion, c'est s'insurger contre Dieu ; y désobéir, ce n'est pas s'insurger contre le prince. »

Le dernier mot indique que ces maximes sont antérieures à 1870 ; en effet, elles remontent à 1841 ; aujourd'hui, au lieu du *prince*, nous avons la République, violatrice de toutes les libertés. Quand donc les catholiques diront-ils que contre leurs tyrans, « l'insurrection est le plus saint des devoirs ! »

Dire qu'il ne faut que le bulletin de vote et que pour s'en servir on est devenu trop bête ou trop couard !

G.

. .

Le développement de la liberté dans le sens de la démocratie tend à diminuer, non à augmenter l'originalité de l'individualité. Et ceci ne peut avoir d'autre résultat que de rendre chaque unité d'une faiblesse désespérante en présence de la majorité. L'existence d'un tel état social réduit les individus à l'impuissance ; c'est se moquer d'eux que de leur dire d'avoir de la puissance et de l'originalité. On ne ferait pas autrement si, après avoir coupé les ailes à des oiseaux et les avoir mis avec des chats. on leur disait de se sauver. Etablir par la loi des droits et des devoirs supposant que les hommes sont égaux, lorsqu'en réalité ils ne le sont pas, équivaut à tenter de faire paraître des pieds petits au moyen de chaussures trop étroites.

Essayer de rendre les hommes égaux en modifiant les arrangements sociaux. revient à essayer de rendre les cartes d'un jeu égales entre elles en battant le paquet.

. .

Que d'une certaine façon et dans une certaine mesure, il soit désirable que les hommes se veuillent du bien en s'aidant les uns les autres, voilà un point sur lequel tout le monde est d'accord. Je ne doute pas cependant que nombre de personnes ne partagent le sentiment de dégoût avec lequel il m'est arrivé de lire et d'écouter les thèses de philanthropie générale. Un tel amour est fréquemment une insultante indiscrétion.

Loin de dire à la France : « Tes fautes, qui sont nombreuses, te seront pardonnées parce que as beaucoup aimé », je trouve que la manière française d'aimer la race humaine est une des nombreuses fautes qu'il est difficile de pardonner à ce pays. Ce n'est pas d'amour que l'on a besoin de la part de la grande masse du genre humain, c'est de respect et de justice.

James STEPHEN.

Or, les républicains français n'ont ni amour, ni respect, ni justice, pas même entre eux.

G.

*
* *

On dirait en vérité que le peuple, le vrai peuple, le peuple laborieux et honnête n'est dans ce monde que pour être écrasé au profit d'un petit nombre d'ambitieux ; c'est sa fonction et sa destinée. *Humanum paucis vivit genus,* comme disait le poète du temps des Césars. Ces *pauci* dont parle le poète latin, c'étaient autrefois les tyrans d'en haut, un Tibère, un Caligula, un Néron ; aujourd'hui ce sont les tyrans d'en bas, ceux qui exploitent les idées généreuses, ceux qui professent cyniquement cette exploitation des dupes et qui disent ce mot entendu de nos jours : La révolution, c'est ma carrière.

*
* *

Ceux qui donnent le branle à un Estat sont volontiers les premiers absorbés en sa ruine : ce fruit du trouble ne demeure guère à celui qui l'a esmeu : il bat et brouille l'eau pour d'aultres pescheurs.

MONTAIGNE.

*
* *

Certains hommes donnent la préférence à la constitution républicaine, non parce que leurs concitoyens seront plus libres, mais parce que eux s'y croient tous faits à y devenir maîtres.

La démocratie est le despotisme de la canaille.

VOLTAIRE.

Il faut apprendre aux peuples qui prétendent à l'honneur d'être libres que la liberté, c'est le despotisme de la loi.

CASIMIR PÉRIER.

Il ne faut pas s'y tromper, la patriotisme est l'hypocrisie de notre siècle ; c'est l'ambition et la fureur de dominer qui se déguisent sous des noms populaires.

RIVAROL.

Quand j'ai vu la littérature exalter l'orgueil et la passion des jouissances matérielles, j'ai bien senti que l'instruction primaire serait insuffisante ou même dangereuse.

V. COUSIN.

La bourgeoisie, en France, a le tempérament intellectuel trop mince, et l'instruction politique trop limitée, le peuple a l'imagination trop vive et des soubresauts de sensibilité trop fréquents pour atteindre à cette patience, à cette tempérance, à cet esprit de transaction indispensable à la pratique du système parlementaire.

Voici ce qu'a dit M. Thiers en 1848 : « La République est le gouvernement qui nous divise le moins, *nous autres qui ne l'aimons pas, et qui divise le plus les républicains qui l'aiment.* » Cela est bien différent de ce cliché ridicule : « La République est le gouvernement qui nous divise le moins », que les républicains ont tronqué et refait à leur convenance et dont l'absurdité est évidente, puisque les divisions sont devenues *féroces* surtout parmi les apôtres d'une fausse fraternité !

C'est le même M. Thiers qui après 1830, sous la monarchie qu'il avait contribué à fonder, a écrit que « la République n'est pas faite pour les Etats grands, vieux, civilisés » et qui s'est écrié à la tribune : « La France a horreur de cette forme de gouvernement qui ne peut que tourner au sang ou à l'imbécillité. »

C'est encore lui qui le 8 juillet 1871, à Bordeaux, disait : « La République n'a jamais réussi dans les mains des républicains », et il ajoutait : « Je ne suis pas changé et voici quel républicain je suis : J'ai pensé toute ma vie au gouvernement que mon pays pouvait souhaiter, et si j'avais eu le pouvoir qu'aucun mortel n'a jamais eu, je lui aurais donné ce que, dans la mesure de mes forces, j'ai travaillé quarante ans à lui assurer sans pouvoir y réussir : la monarchie constitutionnelle. »

Et encore du même M. Thiers, voici une prophétie qui est en même temps un aveu fort piquant dans sa bouche.

Ouvrez l'histoire du Consulat de l'Empire, tome 5e, livre XIX, page 55 (période d'avril 1804) et entre autres réflexions fort judicieuses sur la forme républicaine, vous lirez ceci :

« En tout pays déchiré par les factions, menacé par des ennemis extérieurs, le besoin d'être gouverné amènera tôt ou tard le triomphe d'un personnage puissant, guerrier comme César à Rome, riche comme les Médicis à Florence.

Si ce pays a toujours vécu en monarchie, que la folie des factions l'ait, pour un instant, arraché à son état naturel pour en faire une république éphémère, il faudra quelques années de troubles pour inspirer l'horreur de l'anarchie, moins d'années encore pour trouver le soldat capable d'y mettre un terme, ramener ainsi le pays à ses habitudes et dissiper le songe de ceux qui avaient cru changer la nature humaine par de vains décrets. »

Tant que l'expérience n'aura pas réfuté cette page, il paraît contraire aux vraisemblances de croire au républicanisme sincère de celui qui l'a écrite, à une heure où il ne prévoyait pas que le grand premier rôle pourrait lui échoir.

G.

Dans la séance du 12 juin 1849, M. Ledru-Rollin s'exprimait ainsi :

« Je crois au suffrage universel, c'est ma foi ; mais il y a quelque chose de supérieur au suffrage universel qui pourrait se tromper, c'est le droit éternel et la justice ; c'est ce je ne sais quoi qui est la conscience humaine qu'on ne viole pas impunément et qui finit toujours par prévaloir, malgré les majorités. »

Quand les droits sont violés et cette justice méconnue par les majorités, il ne reste d'autre ressource aux citoyens que d'opposer la violence au nombre. « C'est, disait-il en terminant, les armes à la main, que chacun de nous devrait se défendre ».

La République ne sera dans un pays que lorsqu'elle y deviendra la condition même d'existence de ce pays. En dehors de ce fait, toute tentative n'est qu'un arrangement temporaire et factice qui échouera en provoquant des catastrophes.

ZOLA.

Grâce au suffrage universel, la politique est devenue un théâtre forain où la timbale est à celui qui sait le mieux entortiller son public, c'est-à-dire ses commettants, soit par une mimique savante, soit par une habile gymnastique, soit par des tours de gobelet, soit par une volubilité de pître. Paillasse est sur l'estrade. Jocrisse est dans la salle. Robert Macaire distribue les actions et M. Gogo en remplit ses poches en vidant sa caisse. Qu'était-ce que Gambetta, sinon un cabotin

élevé à sa plus haute puissance? Et M. Jules Ferry ! et Freycinet ! Et certain général, enfant chéri, sinon de la victoire,
au moins de la réclame ! Et le conseil municipal de Paris,
sachant très bien que, en laïcisant les hôpitaux, il est méchant
et bête, mais que s'il était spirituel et bon il ne serait pas
réélu ! Tous, tous, tous ! comme disent les claqueurs à la fin
d'une première à sensation.

Armand de PONTMARTIN.

*
* *

Des résistances efficaces et habituelles ou des révolutions,
telle est la condition laborieuse de l'humanité. Les résistances ne sont pas moins nécessaires à la stabilité des trônes
qu'à la liberté des nations. Malheur aux gouvernements qui
réussissent à les étouffer.

ROYER-COLLARD.

*
* *

La souveraineté du peuple, symbole grossier de la force,
cri éternel des démagogues, pâture des factions qui s'en nour-
rissent et ne s'en rassasient jamais ! Rappelez vos souvenirs :
excepté les premiers jours de 89, si vite écoulés, où la souveraineté du peuple n'avait que l'aspect innocent d'une vérité
philosophique, quels sont les crimes publics auxquels elle n'a
pas présidé ? A quelle divinité barbare a-t-on immolé plus de
victimes humaines ? Je ne confonds pas l'empire avec ces
temps funestes ; je sais ce que nous lui avons dû, et je lui en
garde une sincère reconnaissance. Cependant, pour avoir été
glorieux et à quelques égards bienfaisant, l'empire n'en a pas
moins été un monstrueux despotisme, tempéré seulement par
les lumières du despote. Eh bien ! aucun des gouvernements
révolutionnaires qui l'ont précédé ne s'est autant appliqué à
émaner de la souveraineté du peuple et ne lui a rendu autant
d'hommages, hommages qu'elle n'a point repoussés, car dès
que l'anarchie lui manque, c'est dans le despotisme qu'elle va
se précipiter.

J'ai assez vécu pour voir réformer bien des arrêts rendus par la souveraineté du peuple. Aujourd'hui comme alors, il est permis d'en appeler de la souveraineté du peuple à une autre souveraineté, la seule qui mérite ce nom, souveraineté supérieure aux peuples comme aux rois, souveraineté immuable et immortelle comme son auteur, je veux dire la souveraineté de la raison, seul législateur véritable de l'humanité.

Royer-Collard.

Les périodes sanglantes dont parle Royer-Collard sont-elles à jamais fermées ? Depuis sa mort nous en avons eu d'autres, nous en verrons encore, de plus terribles que les précédentes, car l'avénement du quatrième État ne pourra se faire sans d'épouvantables bouleversements. Et on peut en accuser d'avance les faux républicains, ces éternels dupeurs qui excitent le peuple par leurs promesses et la perspective d'un bonheur chimérique ; ils ne font rien pour le peuple et depuis vingt ans nous les voyons uniquement occupés de leurs querelles et livrés à leurs convoitises.

G.

*
* *

Victor Hugo et la loi du nombre.

Victor Hugo a varié sur bien des questions comme tous les poètes. Voici ce qu'il pensait de la souveraineté du peuple après le 2 décembre :

> La multitude peut jeter d'augustes flammes.
> Mais qu'un vent souffle, on voit descendre tout à coup
> Du haut de l'honneur vierge *au plus bas de l'égout*
> La foule, cette grande et fatale orpheline ;
> Et cette *Jeanne d'Arc se change en Messaline*....
> Certes nous vénérons Sparte, Athènes, Paris,
> Et tous les grands forums d'où partent les grands cris ;
> Mais *nous plaçons plus haut la conscience auguste.*
> *Un monde, s'il a tort, ne pese pas un juste.*
> Tout un océan fou bat en vain un grand cœur.
> O multitude ! obscure et facile au vainqueur,

Dans l'instinct bestial trop souvent tu te vautres.
Et nous te résistons...
Le droit est au-dessus de tous ; nul vent contraire
Ne le renverse. et tous ne peuvent rien distraire
Ni rien aliéner de l'avenir commun.
. . . .
Quand pas un cri du fond des masses ne s'élance,
Quand l'univers n'est plus qu'un doute et qu'un silence,
Celui qui, dans l'enceinte où sont les noirs fossés,
Ira chercher quelqu'un de ces purs trépassés
Et qui se collera l'oreille contre terre,
Et qui demandera : Faut-il croire, ombre austère ?
Faut-il marcher, *héros sous le nombre enfoui ?*
Entendra ce tombeau dire à voix basse : Oui.

Victor Hugo.

*
* *

Je détache la pièce de vers suivante d'un volume posthume de Joseph Autran, il est intitulé : *La comédie de l'histoire :*

Tout homme politique est un malhonnête homme (1).
On le voit à Paris. on le voyait à Rome.
Soit consul, soit tribun, pontife ou sénateur,
Je n'en connais pas un qui d'un masque menteur
Ne se recouvre, et qui, sous prétexte qu'il aime
Sa ville et son pays, ne s'aime pas lui-même.
Lecteur, mon bon ami, sois ce que tu voudras,
Peintre ou musicien, coiffeur, marchand de draps,
Tailleur ou revendeur d'habits, chef de cuisine .
Fais de la contrebande ou de la médecine :

---

(1) Ce vers est excessif, il force la vérité ; il exprime la règle, mais il y a l'exception. Certes il y a bien peu d'hommes qui s'adonnent à la politique avec le désir de se dévouer au bien public, le plus grand nombre se compose d'ambitieux et de vaniteux qui en font une industrie et veulent se procurer les avantages qui sont attachés à la députation. Mais au-dessus de ces hommes, il y en a d'autres qui sont doués de facultés supérieures et vraiment animés de l'amour du pays. ceux-là peuvent lui être utiles et avoir le légitime orgueil de représenter leurs concitoyens.

Je laisse le passé, même le plus rapproché, pourtant il me serait

Apprenti jardinier, va, du matin au soir,
Fatiguer au soleil la bêche ou l'arrosoir :
Fais de la pharmacie ou de la rhétorique ;
En désespoir de tout, sois poète lyrique,
Balayeur de trottoir... peu m'importe l'état :
Mais ne t'avise pas d'être un homme d'Etat,
Ne viens plus nous chanter, au milieu des comices,
Qu'épris du bien public, rêvant les sacrifices,
Tu viens y dévouer tes plus chers sentiments.
Non, ne dis pas cela. Si tu le dis, tu mens.

*
* *

Jadis, aux premiers temps de la Rome rustique,
Jours de vertu sévère et de candeur antique,
La voix du peuple entier proclamait le tribun,
Le consul tout élu sortait du cri commun.
Mais la corruption bientôt court et s'épanche.
Bientôt le candidat qui sort en toge blanche,
Aimable et souriant à tous d'un œil flatteur,
S'en va par la cité séduire l'électeur.
Des quartiers suburbains au Tibre, au Janicule,
Il va de porte en porte, il s'arrête, il circule,
Faisant vœu de donner, plus que tous ses rivaux,
A ceux-ci des loisirs, à ceux-là des travaux.
C'est à qui promettra, dans sa longue visite,
Les plus amples repos au client parasite,
Le plus d'or à poignée et de riches emplois,
Le plus de jeux au cirque et d'athlètes gaulois.
Les parents, les amis se mêlaient à la brigue ;
La femme aussi courait, ouvrière en intrigue,

---

facile d'y trouver des noms à opposer à l'affirmation absolue du poète ; comme je m'occupe seulement de notre république, c'est parmi les membres du Parlement actuel que je vais en citer quelques-uns dont le mérite éclatant et la probité politique défient toute attaque : ce sont MM. Buffet, Simon et Chesnelong au Sénat, et à la Chambre, Mgr Freppel, M. de Mun et l'intrépide Cassagnac: que personne ne s'avisera de soupçonner d'aucun intérêt per_ sonnel quoiqu'ils puissent être justement ambitieux. Sans doute il y en a d'autres, j'ai nommé ceux qui m'ont le plus frappé et qui sont aussi grands par le cœur que par l'intelligence.

G.

Offrir aux influents, connus sur le chevet,
Plus de cadeaux secrets qu'elle n'en recevait
C'est alors que l'on vit le grand Jules lui-même,
Peu content des monceaux de sesterces qu'il sème,
Après tous les degrés de la honte franchis,
Baiser en plein Forum la main des affranchis.
« Quand je suis candidat, avouait ce grand homme,
Je salue, en passant, tous les goujats de Rome,
Je suis l'ami fervent des plus bas citoyens ;
Rien ne me coûte alors, et puis, quand je parviens
A mon but, je ne donne, en riant des novices,
Qu'à ceux dont j'attends encore d'autres services, »

Joseph AUTRAN.

*
* *

Sur la Terreur

L'histoire intérieure de la Révolution ne répond pas à l'idée créatrice et originale qu'on lui attribue. C'est en grande partie une fable convenue, une légende ! En effet, les grandes transformations sociales que réalisa définitivement 1789 étaient mûries par l'action lente du temps, elles furent, on peut le dire, les bienfaits nécessaires d'une nécessité historique.

*
* *

Il est établi d'une manière irréfragable que les Constituants étaient des utopistes et les Conventionnels, ainsi que les membres du Comité de salut public et de la Commune étaient non seulement pour la plupart des ignorants et des assassins, mais de plus des voleurs.

*
* *

Tel est le décor de la Révolution, un masque spécieux, et tel est le dessous de la Révolution, une face hideuse : sous le règne nominal d'une théorie humaine, elle couvre la dictature effective des passions méchantes et basses ; dans son vrai représentant, comme en elle-même, on voit partout la férocité percer à travers la philanthropie et du cuistre sortir le bourreau.

Taine.

*
* *

Non seulement il est faux que la Terreur ait sauvé la France, mais on peut atfirmer qu'elle éreinta la Révolution.

Louis Blanc.

Presque tout est égoïsme, quel triste peuple pour fonder une république.

(*Paroles de Charlotte Corday sur les Français de son temps*).

*
* *

De quelque côté que je me tourne, je ne vois que des voleurs.

Robespierre.

*
* *

La Révolution française est une vaste destruction politique placée au milieu de l'ancien monde : craignons qu'il ne s'établisse une destruction beaucoup plus funeste, craignons une destruction morale par le côté mauvais de cette Révolution. Que deviendrait l'espèce humaine si l'on s'évertuait à réhabiliter des mœurs justement flétries, si l'on s'efforçait d'offrir à notre enthousiasme d'odieux exemples, de nous présenter les progrès du siècle, l'établissement de la liberté, la profondeur du génie dans des natures abjectes ou des actions atroces ? N'osant préconiser le mal sous son propre nom, on le sophistique : donnez-vous de garde de prendre cette brute pour un esprit de ténèbres, c'est un ange de lumière !

Toute laideur est belle, tout opprobre honorable, toute énormité sublime ; tout vice a son admiration qui l'attend. Nous sommes revenus à cette société matérielle du paganisme où chaque dépravation avait ses autels. Arrière ces éloges, lâches, menteurs, criminels, qui faussent la conscience publique, qui débauchent la jeunesse, qui découragent les gens de bien, qui sont un outrage à la vertu et le crachement du soldat romain au visage du Christ !

CHATEAUBRIAND.

Petit catéchisme républicain.

De la brutalité envieuse en bas, de l'orgueil stupide en haut, — de l'égoïsme lâche au milieu, — force bêtises sur le tout ; — puis servez chaud pour le mal et froid pour le bien : voilà le plat de l'espèce humaine sous tout ciel et de tout temps.

LIBERTÉ, ÉGALITÉ, FRATERNITÉ.

Les trois blagues : c'est l'enseigne de la République.

LIBERTÉ.

Tyrannie de la rue avec accompagnement d'une *Marseil-laise* quelconque, toujours souverainement enrouée.

ÉGALITÉ.

Niveau abrutissant. Tout *citoyen* l'indique à sa taille pour y rabaisser ce qui est au-dessus sans vouloir y élever ce qu'il croit au-dessous.

FRATERNITÉ.

Substantif narquois qui fleurit sur les murailles au moment fraternel où les frères s'entreflanquent fraternellement des coups.

C'est la violette du printemps des horions.

RÉPUBLIQUE.

Un marchepied pour les ambitieux, une duperie pour les imbéciles.

POLITIQUE.

Sorte de tripot où tout le gain est pour les joueurs et toute la perte pour la galerie.

POLITICIEN.

Mot nouveau qui désigne les tripoteurs de politique : il y en a de grands et de petits, les grands sont à la Chambre où ils intriguent pour de l'argent et des honneurs ; les petits sont des écrivains salariés, orateurs de carrefour, piliers de cabaret, souteneurs d'élections, chevaliers d'industrie ; ils sont tout cela et la pestilence de la démocratie.

SUFFRAGE UNIVERSEL.

Admirable institution qui fait dépendre la vie d'une nation du jugement des fous. C'est l'incompatibilité absolue érigée en principe.

Ainsi défini par Proudhon : C'est un poison lent, mais sûr.
Et qualifié par M. Thiers de : « Vile multitude. »

SOUVERAINETÉ DU PEUPLE.

Un chien obéissant ou un tigre en action.

PATRIOTISME.

L'art d'occuper les places et de fuir le danger en y poussant les autres. — Hurler la *Marseillaise*.

OPPORTUNISME.

Exploitation progressive de la bêtise humaine. C'est plumer l'oie sans la faire crier.

RADICALISME.

L'absolu, l'essence de la République : ce sera l'âge d'or de la canaille.

SOCIALISME.

Cela se dit d'un nouvel état social, d'une meilleure ou d'une pire répartition des richesses ; les moyens ou plutôt les systèmes pour y parvenir sont nombreux : il y en a de chimériques, il y en a de canailles et il y en a d'honnêtes, ce sont ceux qui ont le moins de partisans.

Nous ne ferons ici que trois divisions : 1° Le Socialisme révolutionnaire que Proudhon a fort bien défini : « Le dernier rêve de la crapule en délire. » 2° Le Socialisme d'Etat qui ne serait qu'un esclavage adouci, une plus grande diminution de la personnalité, déjà si réduite dans les démocraties, l'écrasement de l'individu par le nombre. 3° Le socialisme chrétien, celui qui a sa source dans la Charité, dans la Fraternité qui n'est qu'un mensonge dans notre République. Ce socialisme est le bon, donc il y a peu d'espoir de le réaliser.

ESPRIT PUBLIC.

La bêtise de chacun multipliée par celle de tout le monde.

OPINION PUBLIQUE.

Une mixture préparée par des farceurs et avalée par des imbéciles.

POPULARITÉ.

La faveur et les applaudissements de ceux qu'on dupe et qu'on dépouille.

RÉPUBLICAIN

La vertu même.

RÉACTIONNAIRE

Homme sans gout qui n'admire par les beautés de la République.

BOURGEOIS

1° En supposant un vase qui, se jetant lui-même d'un cin-
quième étage, s'étonnerait de se briser, puis une fois raccom-
modé, se rejetterait de nouveau pour se rebriser, se r'étonner,
et recommencer toujours avec la même stupidité suivie de la
même stupéfaction. On peut se faire une idée à peu près
exacte du bourgeois sous la face politique.

2° En histoire naturelle, le bourgeois avait été rangé tout
d'abord dans la série des mammifères humains. Mieux ren-
seignée depuis quelques révolutions, la science ne lui accorde
plus que la place suivante dans l'échelle animale :

1° L'homme. 2° Le singe. 3° Le nègre. 4° Le bourgeois. 5°
L'huître.

P. S. — On assure qu'en ce moment l'huître est en instance
pour s'opposer à cette classification qui la met au-dessous
du bourgeois. Son argument de suprématie est qu'elle ne fait
jamais la sottise de bailler quand on veut la prendre. Sans se
prononcer entre deux races si dignes d'intérêt, on doit pourtant reconnaître que le bourgeois n'agit pas toujours avec la
même circonspection.

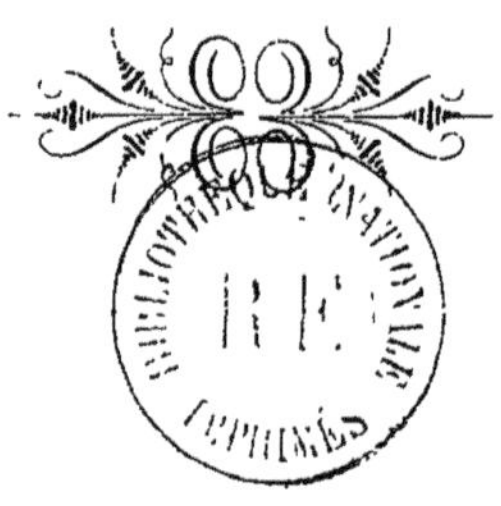